변희자 시집

가을 귀뚜라미

Collection of Byun Hee-ja's Poems,
『An Autumn Cricket』
with Ph.D./Poet Hur Man-gil's Literary Criticism,
Poet Byun Hee-ja's World of Poetry

Chaeknara Publisher

■ 시인의 말

  나는 초등학교 4학년 때부터 문학책을 가까이하며 많은 책을 읽어 온 셈이다. 책 속에서 인생에 대한 간접 경험을 하면서 사색을 즐겨 왔다. 문학책을 읽으면서 시인, 수필가, 소설가의 창작 재능을 부러워하기도 했다. 나도 시인이나 수필가나 소설가가 될 수 있으면 얼마나 좋을까 하는 상상을 해보았다.

  그렇게 지내던 중 고등학교를 졸업한 지 수십 년이 지난 뒤 우연히 허만길 은사님을 만나 칭찬을 들으며 시 지도를 받을 수 있었다. 나의 꿈이 현실로 되어 가고 있었다. 드디어 시인이 되고 수필가가 되었다. 한량없이 기뻤다.

  나는 시를 쓰면서 인생과 사물을 애정과 사색으로 바라보려는 경향이 컸던 것 같다. 그리고 이를 어떻게 예술의 경지로 표현하여야 할 것인가에 대하여 고민이 많았던 것 같다. 나는 내 삶을 위해 열심히 노력하며 살아왔다. 앞으로 좋은 시를 써서 많은 세상 사람들이 편하게 공감할 수 있는 시를 쓰려고 열심히 노력하겠다.

  나의 첫 시집 『가을 귀뚜라미』는 문학에 대한 나의 꿈의 첫 수확이다. 앞으로 더욱 성숙된 시인이 되고자 노력할 것이다. 나의 시집에 귀한 평론을 써 주신 문학박사(시인) 허만길 은사님께 다시금 감사드린다. 언제나 든든하게 내 곁을 지켜 주는 우리 가족에게 고마움과 사랑의 말을 전한다.

2024년 12월 20일
시인 **변희자**

변희자 시집 / **가을 귀뚜라미**

시인의 말

제1부
아버지의 무공훈장

아버지의 무공훈장	14
My Father's Order of Military Merit / Trans. Kim In-young	16
보고 싶은 어머니 / 악보(작곡 이종록)	18
날아가고 싶었다	25
시어머니의 고달픈 삶	26
남편의 저녁 준비	27
큰시누이의 남동생 사랑	28
남편의 효심	30
추석날 며느리	32
장화	33
설악산에 피운 사랑	34
아들 형제에게	36

제2부
할머니와 도라지

할머니와 도라지	40
한가위 행복 나눔	42
별꽃이 된 벗	43
비누 거품	44
붕어빵 나들이	45
피아노	46
누에고치	47
축구 응원	48

제3부
봄바람 임 마중

봄바람 임 마중 / 악보(작곡 이종록)   50
물 주기   55
Watering Sprouts / Trans. Kim In-young   56
벚나무 열정   57
달맞이꽃   58
안개비   59

제4부
초가을 빗소리

초가을 빗소리	62
가을 귀뚜라미	63
가을 행복	64
눈사람 아가씨	66
강둑 찻집에서	67

제5부
에스컬레이터

에스컬레이터	70
신도림역 환승 통로	72
바쁜 출근길	73
겨울 새벽에	74
도시의 불빛	75
놀이터	76

제6부
배움의 길

국어 선생님	80
배움의 길	82
책만 보는 사람	83
비둘기	84
등나무	85
거짓과 참	86

수필

6월에 아버지를 기리며	88
나를 깨닫게 하는 봉사활동	90
큰시누이와 맷돌	94

평론

변희자 시인의 시의 세계
- 인생과 사물에 대한 깊은 애정,
감동적인 서사적 내용,
풍부한 상상력의 이미지 형성 -
/ 문학박사・시인 **허만길**   97

제1부
아버지의 무공 훈장

아버지의 무공훈장
My Father's Order of
Military Merit
/ Trans. Kim In-young
보고 싶은 어머니
/ 악보(작곡 이종록)
날아가고 싶었다
시어머니의 고달픈 삶
남편의 저녁 준비
큰시누이의 남동생 사랑
남편의 효심
추석날 며느리
장화
설악산에 피운 사랑
아들 형제에게

아버지의 무공훈장

육이오 전쟁 때
총알이 뚫고 나간 아버지의 정강이
궂은 날이면 쿡쿡
다시 박히는 탄알
마음과 몸의 통증
파랗게 떨고 있는 다리와 발

비 오는 날이면
어린 딸 발 젖을라
학교와 집으로
업어 주시던 아버지
아버지의 발은
울음으로 젖고
철없는 딸은 따뜻한 등에서
좋아라 웃고 있었지.

딸을 보면 언제나 기쁘셔서
웃음꽃 피우시며
너는 웃으며 살아라

그래서 내 이름 한가운데에
기쁠 희囍 자를 넣어 주셨지.

내가 학교에서 늦는 날이면
아버지는 이제나저제나 마을 어귀에서
꼿꼿한 나무처럼 서 계셨지.

아버지는 여행 중에 사고를 당하셨다.
영원히 잊을 수 없는
아버지의 슬픈 여행

돌아가신 후 받으신
금성화랑 무공훈장
생전에 반짝반짝 닦으시던
아버지의 구두처럼 빛이 난다.

* 시 '아버지의 무공훈장'은 김인영(Kim In-young) 문학박사(국제PEN한국본부 번역위원)에 의해 영어로 번역되어 『Poetry Korea, Volume 17, 2024』에 수록되었다.

My Father's Order of Military Merit

Byun Hee-ja
Trans. Kim In-young

During the Korean War
my father got a through and through
shot in the shin
Since then, on a day with bad weather
my father suffered from the injury on
the feet and legs
as well as on the mind trembling in pain
as if he was getting a gun shot again

On a rain day
my father carried me on the back
from home to school
not to make my feet wet in rain
although his feet got soaked in rain like
tears
while I was enjoying
riding on his back warm and wide
laughing innocently all the way to school

Always being pleased to see me
my father used to say with a smile on his
face

"enjoy your life in happiness with a smile"
That's the reason he put a Chinese letter(喜)
signifying happiness in the middle of my name

On a day I was late coming back from school
my father used to wait for me
standing like a stubborn tree at the entrance
to the village

My father had an accident while traveling
The last trip of my father
I would never forget with sorrow

Hwarang Class Medal with Gold Star
of The Order of Military Merit he was awarded
posthumously
makes me think of my father
polishing his shoes shiny when he was still alive

보고 싶은 어머니

여러 자식 기르시느라
앞치마에 땀방울 흘리시며
동그란 주먹밥에
고소한 참깨 간간한 소금
솔솔 뿌리시던 어머니

불두화 하얀 꽃송이
바람 불어 나풀나풀
내 손바닥에 고이 앉으니
꽃잎처럼 향기롭던
어머니 손길 생각나서
두 눈을 감는다. 보고 싶은 어머니

곱고 고운 옷감 고르시고
한땀 한땀 수놓으시어
아름다운 무늬로
좋은 옷 지어 주시던 어머니

무궁화 다홍빛 꽃송이

바람 불어 활짝 웃으며
내 손바닥 찾아 앉으니
어머니 웃음 그리워서
어머니 어머니 불러 본다.

* 시 '보고 싶은 어머니'는 이종록 교수(서울대학교 작곡과 졸업. 전북대학교 음악학과 교수 역임)가 가곡으로 작곡하였음. 소프라노 김은경(이탈리아 밀라노 베르디 국립음악원 최고연주자과정 졸업) 님 노래, 피아니스트 김윤경 가천대학교 객원교수 반주로『작곡가 이종록 가곡 제57집』(Composer Lee Jong-Rok Songs. Vol. 57) 음반(제작 C&C, 서울. 2024)에 수록되고, 악보는『이종록 가곡집 씀바귀꽃 여정』(2024)에 실리었다. 인터넷 유튜브(YouTube)에서도 노래를 감상할 수 있고, 악보도 볼 수 있다.

보고 싶은 어머니

변희자 작사
이종록 작곡

날아가고 싶었다

핸드폰이 급한 소리로
나를 부른다.
어디쯤이냐고 다그치며
서두르라 툴툴댄다.

병원에서 퇴원하여
힘든 투병 생활
움직임조차 어려워
도움의 손길 찾는 엄마

내 발걸음 경중경중
내 등에는 식은땀
급한 마음에 입술은 바싹
바람 타고 날아가고 싶었다.

엄마는
한 손에 이승의 끈을 꼭 잡고
또 한 손에 핸드폰을 들고 누워
현관문 열리기만 기다렸다.

시어머니의 고달픈 삶

나의 시어머니는
직장 가스 폭발 사고로
남편을 일찍 여의셨다.
꽃다운 서른네 살에
혼자되셨다.

이남 이녀 사남매
품에 드는 자식들을
한숨과 눈물 속에
몸빼바지 해어지고
검정고무신 닳는 줄도 모르시고
어엿하게 키워 내셨다.

세월 덧없어라 황혼길
마음은 어느새
구만리 남편 곁에 두시고
흐린 날 구름인가
꺼져 가는 촛불인가
저녁놀 붉게 타는 때
고달픈 이승 삶을 거두셨다.

남편의 저녁 준비

저녁 늦게 배고픈 시간
현관문을 열자
고기 굽는 냄새가
군침을 돋운다.
한걸음에 부엌으로 갔다.

집으로 오는 길에
전화로 남편에게
배고프다 하였더니
맛있는 저녁을 준비하고 있었다.

사람들은 남편을 남의 편이라 하는데
오늘 내 남편은
영원한 내 편이다.

창밖 밤하늘 보니
금성과 목성이
두 눈 반짝이며 서로 다가가고
따뜻한 밥 권하는
내 남편의 눈빛은
여느 때보다 다정하다.

큰시누이의 남동생 사랑

사남매 중 맏이인 큰시누이
나의 남편이 된 막내 남동생과는
열다섯 살 터울이었다.

아버지는 사고로 일찍 돌아가시고
엄마는 일터로 내몰리고
큰시누이는 태어난 지 삼 개월 된 막냇동생이
젖 달라 보채면 등에 업어 잠재웠다.

이웃집 자식 없는 넉넉한 부부는
어른끼리 미리 약속하여
막냇동생을 데려가 자기 아들로 삼기로 했다.

차가운 겨울날
이웃집 부부는
포근한 포대기와 예쁜 옷 들고 와서
아가 동생을 데리고 가려 했다.

놀란 큰시누이는 안 된다고

우리 아가 내 동생이라고
남동생을 작은 품에 끌어안고
목 놓아 울고불고 발버둥쳤다.

남동생을 가까스로 지킨 큰시누이는
일 나간 엄마 대신
놀란 아가 동생에게 죽을 쑤어 먹이며 달래었다.
동생은 부드러운 죽을
누나와 옹알옹알 눈 맞추며 잘도 삼켰다.

슬하에 자식 없이 힘들게 살아온
한 많은 큰시누이는
어느덧 아흔 살이 되었다.

2024년 꽃피는 춘삼월 저세상으로 떠나면서
정성스레 키운 막냇동생의 듬직한 손 잡고
알뜰히 모았던 돈 쥐어 주며
소고기와 딸기 사 먹으며
부디 건강하여라 하였다.

남편의 효심

겨울 저녁 퇴근한 남편
어머니 방으로 들어간다.

남편이 불룩한 겉옷 주머니에서
어머니가 좋아하시는
따끈한 만두를 꺼내 드리니
어머니는 아들 손을 잡고
환하게 웃으신다.

남편은 태어난 지 3개월째에
아버지를 여의었다
육이오 전쟁까지 일어나
어머니마저 잃을 뻔했다.

미아리고개 돈암초등학교 운동장에서
북한군에게 끌려가며 울며불며
퉁퉁 불은 젖 내보이며 애원하시어
죽을 고비 넘기신 어머니였다.

남편이 어머니 이부자리 아래 방바닥에
손을 대어 본다.

어머니는 따뜻하게
포근한 잠 속에서 아들에게
젖을 물리는 꿈을 꾸신다.

추석날 며느리

추석에 미리 와서
돕겠다는 며느리에게
힘들게 생각 말고
편할 대로 하라고 일렀다.

추석날 아침
일찍 와서 상차림을 도우며
음식 장만하시느라
수고하셨다는 며느리 칭찬에
끓고 있는 토란국만큼이나
기쁨이 보글보글 솟는다.

둘러앉아 마주 보며 즐기는 시간
오순도순 정담이 오고 간다.

돌아갈 때 음식을 나누어 주니
공손히 받아들며 잘 먹겠습니다
고마운 마음도 잊지 않는다.
보름달 웃음 닮은
며느리의 미소가 더없이 사랑스럽다.

장화

며느리가 사 준 장화
비 오는 날 신고
아이들처럼 신나게
물웅덩이를 질퍽질퍽 걷는다.

지난 시절 비 오는 날이면
젖은 신 젖은 양말
퉁퉁 부은 발의 추억을
즐겁게 바꿔놓는 예쁜 며느리의 마법

빗길 미끄럼 조심하세요.
빗소리도 다정하게 들린다.

설악산에 피운 사랑

앞서가는 당신
참으로 든든하여
당신 미더움에
당신을 향한
내 사랑 넘칩니다.

산새 노래 따라 부르며
이름 모를 풀 온갖 것들에
은근한 사랑 전하며
비탈 산을 오릅니다.

굳은 약속 바위를 닮고
소나무에 푸른 꿈 달면서
높은 곳으로 헤쳐 나아가요.

오르기도 힘든 길을 가끔씩
뒤돌아보고 웃어 주는 당신
살뜰한 보살핌에 따라 웃지요.
물도 마셔 가며 땀도 닦아가며

조심조심 갑시다.
대청봉에 나란히 앉아
우리 사랑 하나 됨을 노래하니
동해 물결 황금빛 웃음 짓네요.

아들 형제에게

외국 유학은커녕
고액 과외 공부도
받은 적 없는 아들 형제

졸음 오면 자고
하고 싶은 것 있으면 하면서
건강하게 자라라 했던
아버지 어머니였다.

어느새 두 아들이 자라서
아버지 어머니가
세상에서 최고라면서
맛있는 것도 사 오고
필요한 것 없으시냐고
효성이 지극하다.

예의 바르고
정직하게 자라
착한 마음으로
어른 되어 부모 곁에 우뚝 서니
장하고 대견한 아들 형제

부모는
너희 형제를 영원히 사랑한다.

제2부
할머니와 도라지

할머니와 도라지
한가위 행복 나눔
별꽃이 된 벗
비누 거품
붕어빵 나들이
피아노
누에고치
축구 응원

할머니와 도라지

기차역 건널목 옆에
남보라색 바지에 하얀 윗옷 입은
할머니는 날마다 하루 종일
도라지를 손질하며 손님을 기다렸다.

낡은 천막과 작은 나무의자 하나에
지친 몸을 의지하고
겨울에는 찬바람을 견디면서
여름에는 무더위를 견디면서
무딘 칼날로 도라지 껍질을 벗기면서
손님을 기다렸다.

거칠은 손등
무디게 닳은 손톱은
할머니의 고달픈 삶의 이야기가
쌓인 탓이리라.

손님이 주섬주섬 돈을 내밀면
껍질 벗긴 도라지 듬쑥 주고서는
그래도 양이 적다며
껍질 안 벗긴 도라지를
한 주먹 더 얹어 주었다.

큰길 가에서 늦은 밤이면
등불 하나 켜 놓고
애타듯 손님 기다리던 할머니

어느 날부터 휠체어에 앉아
힘들게 도라지 껍질을 벗기고 있었다.

남모르는 한숨과 고달픔이 섞인
할머니의 인생이 자꾸만 떠오른다.

한가위 행복 나눔

이른 아침부터 모여
정성 다해 만드는 모듬전

동그랑땡전 천 개
오색꼬치전 오백 개
표고버섯전 오백 개

나눔을 준비하는
복지관 자원봉사자들

정성으로 나누는 마음
감사하며 받아주는 마음
같이 사는 힘이다.

행복한 사랑 나눔
넉넉한 팔월 한가위다.

별꽃이 된 벗

밤하늘 별꽃을 바라보니
보고 싶었던 벗이
웃으며 나를 바라본다.

잘 지내느냐
묻지 않아도
젖은 입술에 많은 이야기가 묻어난다.

코스모스 꽃길 사이
우리들의 이야기는 길고도 훈훈했었지.

너는 하늘에서
나는 땅에서
서로의 그리움을 바람으로 전하며
우리는 서러운 눈물을 삼키는구나.

밤하늘 별꽃이 되어
나를 바라보는 옛 동무여.

비누 거품

세상 찌든 때 닦으며
손안에서 보글보글
흙빛 웃음을 짓는다.

지우고 지우고
물과 같이 흘러

환희의 웃음 머금고
말없이 하얗게 떠나간다.

붕어빵 나들이

두 아이가 떠들며
들고 가는 봉투 속
따뜻하고 맛있고 싱싱하고
노릇노릇한 붕어빵
봉투 밖으로 고개 내밀어
강바람 모아 뜨거운 휘파람 분다.

머리만 남은 붕어
꼬리만 남은 붕어
머리와 꼬리 붙인 붕어
붕어빵 보고 웃는 두 아이
휘파람 불며 강둑을 달린다.

봉투 속 붕어들
단팥 소로 얼굴 붉어졌다.

피아노

벚나무 길에
하늘빛 닮은 피아노가 있다.

깊고 청아한 음률에
서성이던 비둘기가 자유로이
공중으로 치오른다.

덩달아 신이 난 벚꽃망울은
음표 되어 하얀 리듬과 함께
팡팡 터진다.

누에고치

시골 큰댁의 작은방
익숙하지 않은 잠자리
달빛조차 어렴풋하여
안과 밖이 하나인데
선잠 깨어 몸을 뒤척인다.

머리맡 윗목에서
사그락사그락 싸락눈 내리듯
뽕잎 먹는 누에 소리
하얀 명주실 뽑는 소리가
저만큼 들리는 듯하다.

축구 응원

오늘은 우리 선수가
다른 나라와
축구 시합하는 날
딸이 없는 우리 집은
남편과 아들 둘이 신나는 날이다.

여자 셋이 모이면
접시가 깨진다는데
남자 셋이 모여
집이 들썩이는 날이다.

긴 안락의자에 모여 앉은
남편과 아이들
응원 도구 한 상 차려 놓고
슛 골인 골인 목청껏 외친다.

제3부
봄바람 임 마중

봄바람 임 마중
/ 악보(작곡 이종록)
물 주기
Watering Sprouts
Byun Hee-ja
/ Trans. Kim In-young
벚나무 열정
달맞이꽃
안개비

봄바람 임 마중

봄이 오는 길
임이 오는 길
아지랑이 어깨동무하고
깨금발로 임 마중 간다.

화사한 햇살에
걷는 듯 날아가는 듯
곱게 곱게 임 마중 간다.

살랑이는 임의 옷자락
나는 실눈으로 웃음 띠고
새싹은 수줍어서 꼬물꼬물 율동짓네.

산수유 개나리 매화가
나긋나긋 시끌벅적하고
연분홍 진달래 수줍어 파르르
나는 봄바람을 곁에 끼고
임 마중을 한다.

* 시 '봄바람 임 마중'은 이종록 교수(서울대학교 작곡과 졸업, 전북대학교 음악학과 교수 역임)가 가곡으로 작곡하였음. 메조 소프라노 김민지(이탈리아 산타 체칠리아 국립음악원 졸업) 님 노래, 피아니스트 김윤경 가천대학교 객원교수 반주로 『'작곡가 이종록 가곡 제58집』(Composer Lee Jong-Rok Songs. Vol. 58) 음반(제작 C&C. 서울. 2024)에 수록되고, 악보는 『이종록 가곡집 사랑으로 쓰는 편지』(2024)에 실리었다. 인터넷 유튜브(YouTube)에서도 노래를 감상할 수 있고, 악보도 볼 수 있다.

물 주기

물뿌리개 높이 들고
춤추듯 흠뻑 물을 뿌린다.

겨울 땅에 옴츠렸던 초록이들
허리 펴며 쑤욱 자라라고
봄비 같은 물구슬을 뿌린다.

검불 헤집고 나온 어린 새싹
흙모자 벗고 어리둥절한다.

* 시 '물 주기'는 김인영(Kim In-young) 문학 박사(국제 PEN한국본부 번역위원)에 의해 영어로 번역되어 『2024 인사동시인협회 한영시집 제18호』에 수록되었다.

Watering Sprouts
Byun Hee-ja Trans. Kim In-young

With a watering can raised up
I sparkle enough water, feeling myself dancing

For greens having crouched in the soil in winter
I sparkle beads of water over them
to grow well and stretch themselves up fast

having pushed their way through the bale surface
little new sprouts take dirt hats off, feeling bewildered

벚나무 열정

계절이 바뀌기를 기다린
많은 날들
이제 따듯한 바람이 분다.

희미한 달빛에
잠 못 들던 지난날들
꿋꿋이 지녀 온 뜨거운 열정
발끝이 간지럽다.

눈꽃송이 추억 언제던가
남풍에 살갗 톡톡 터트려
연분홍 꿈 꽃송이를 쏟아낸다.

오가는 이 연인 되어 사랑받으니
뽐을 내며 정열의 흥 폭발한다.

달맞이꽃

산비탈 숲길에
안개꽃 피어나면
배시시 실눈 곱게 뜨는
달맞이꽃

하늘 은하수 물결 위에
달그림자 아롱지면
설핏한 춤사위로 달빛 타는
달맞이꽃

새벽 풀숲에
하얀 이슬 맺힐 즈음
임의 눈에 아롱지던
달맞이꽃 고운 얼굴
낮달 품에 안겨
그 얼굴 단꿈을 꾼다.

안개비

안개비에 마음도 젖는
고즈넉한 산골

숲속 요정들의 속삭임이
산허리에 물안개로 피어나고

두꺼비 임 그리는 넋두리
처마 끝 낙숫물로 흘러내린다.

옥구슬 마다하며
찌그러져 지는 꽃잎 보고
애태우는 안개비가
서녘 하늘 꽃무지개 피워 놓고
산모롱이 저만치 돌아간다.

제4부
초가을 빗소리

초가을 빗소리
가을 귀뚜라미
가을 행복
눈사람 아가씨
강둑 찻집에서

초가을 빗소리

늦거나 서두름 없이
초가을 비가 내린다.

깃털구름 사이로
차르르 차르르

여름 자취 씻기우려
귀뚜라미 잠재우려
추르르 추르르

노란색 붉은색 꽃물 들이며
찬바람 벗 삼아
초가을 비가 내린다.

차르르 차르르
추르르 추르르

가을 귀뚜라미

차디찬 저녁 기운에
가을 귀뚜라미 한 마리
따스한 기운 남은 부엌을 찾는다.

쓸쓸한 이별가로 어둠을 가르니
뜰 앞 외로운 들국화
밤늦도록 몸을 뒤척인다.

아침 햇살 찾아
바깥 나들이하는 귀뚜라미
밤잠 설친 탓에
더듬이가 길어졌다.

다시 해 저물면
열한 개의 가시 달린 노래로
기나긴 십일월 가을밤을
밤새도록 찌르겠지.

가을 행복

밤송이 입 크게 벌려 웃어
알밤 툭툭 떨어지면
다람쥐가 입 볼록볼록하는 가을은
무엇이든 풍성하게 나누고 싶은 계절

고구마가 푸른 옷 벗어 던지고
벌개진 얼굴로
땅바닥에 드러누운 가을은
낭만이 주체 못하는 계절

황금빛 벼 이삭과 날씬한 참새들의
입맞춤이 분주하여
허수아비 마음 심란한 가을은
누구나 들뜨고 싶은 유혹의 계절

수고로움 헛되지 않아
풍요로운 결실 이룬
농부의 고단함이 달빛처럼 가벼운 가을은
누구에게나 손 내밀고 싶은 감사의 계절

가을은 산이나 들이나 강이나
기쁨으로 활짝 열린
그득한 곳간 같아서
언제나 황홀한 행복의 계절이다.

눈사람 아가씨

내리고 또 내리는 함박눈
쉴 새 없이 쌓이는
하얀 함박눈

눈사람 옆에 두고
우산 받고
벤치에 홀로 앉은 아가씨

지난밤 꿈이 황홀했나
오지 않는 사랑이 원망스럽나
우산 위에 눈이 쌓이니
아가씨는 아름다운
백설 공주 눈사람이네.

강둑 찻집에서

이른 아침
고요한 강둑 찻집

솟는 해처럼 김 오르며
차향이 그윽하다.

부레옥잠 찻잔에
물망초 그리움 가득 고이고

아련한 내 마음 알아주려는 듯
멀리서 흰 물새가 너울거린다.

제5부
에스컬레이터

에스컬레이터
신도림역 환승 통로
바쁜 출근길
겨울 새벽에
도시의 불빛
놀이터

에스컬레이터

아파도 눈치가 보이는
나는
오늘은 대수술 중이다.

나를
뛰어오르고 뛰어내릴 때
내가
느끼는 등뼈의 고통을 누가 알랴.

밤이 주는 짧은 휴식의 잠
아무런 위로의 한마디도 듣지 못하고
끙끙 앓는 휴식 잠

동트기 전부터
나의
고통은 또다시 시작된다.

남들을 높은 곳으로 쉽게
남들을 낮은 곳으로 쉽게

편하게 데려다주는
나는
힘들어도 고통스러워도
말 못 하고 그냥 열심히 봉사한다.

사람들은 나를
에스컬레이터라고도 하고
자동계단이라고도 한다.

신도림역 환승 통로

정신을 바짝 차리고
눈을 똑바로 뜨고
흐트러짐 없이 걷는다.

부딪칠까 넘어질까
많은 사람들이
옷감을 짜듯
이리저리 엮이며 잘도 다닌다.

바쁜 출근길

새벽녘 신촌역 나서면
꿈속인 듯
내 발끝은 아직 흐릿한데
수많은 사람들의 바쁜
걸음은 하루의 시작으로
설렌다.

빌딩 위 새벽달
그림처럼 떠 있고
신촌로 조명 밝게 빛나
온몸에 쏟아지니
비로소 내 발걸음도
힘 솟으며 가벼워진다.

겨울 새벽에

겨울바람 시린 새벽에
길을 걸으며
어둠 머뭇거리는 하늘을 본다.

온밤 내내 떨었을 달
보이지 않고
고층건물 굴뚝 연기만
바람 타고 허공을 가른다.

길 잃어 가슴 허전한
방패연 하나
굴뚝 위에
걸어 놓고 싶은 맘 굴뚝같다.

도시의 불빛

시선이 닿는 곳곳
쭉쭉 솟은 빌딩
구름과 머리를 맞대고
숲을 이룬다.

빌딩 속 많은 사람들
꿈과 희망을 안고
뜨거운 땀으로
열정을 불사르며 하루를 채운다.

어둠이 내리면
빌딩은 화려하고 다정한 불빛으로
오늘 하루를 수고하고
내일 하루를 기다리는 이들에게
웃음의 격려를 선사한다.

놀이터

나는 꼬마들을 좋아한다.
꼬마들도 나를 좋아한다.
나는 어린이들의 놀이터

일곱 빛깔 무지개 차림
내 꾸밈은 꼬마들의
웃음으로 수놓아진다.

종종종 내게 달려온
꼬마들은 내 뜰에서
두꺼비에게 헌 집 주면서
새집 달라 응석 부리고
대롱대롱 매달려
헥헥대며 버티기하고
끙끙거리며 기어올라
겁 없이 미끄러져 내린다.

꼬마들은 앞으로 구름을 차고
뒤로 물러나 파란 하늘로

파란 꿈을 두둥실 높이 띄운다.
어른들도 나를 좋아한다
그를 빼닮은 꼬마를
내 품에 안겨줄 때
나는 그의 옛 모습 생각나
그 어른도 안아준다.

제6부
배움의 길

국어 선생님
배움의 길
책만 보는 사람
비둘기
등나무
거짓과 참

국어 선생님

우와, 깜짝이야!
학창시절 국어 선생님께서
고등학교 졸업 50년이 되는 해에
제자들에게 숙제를 내주셨다.
늘씬한 키에 핸섬한 외모를 지니셨던
선생님이시다.

나이 칠십 줄에 들어선 제자들에게
문학 동인지를 만들어 보라고 하신다.
국어 사랑
제자들 사랑이 가이 없으셨던 선생님

이 나이에 숙제라니
시 짓는 재주는 없지만
학창시절 생각하며 노력해 봐야지.

선생님 얼굴에 미소 지으시게 해야지.
스승과 제자의 인연을
오래도록 지켜야지.
건강도 빌어 드리면서

＊서울 영등포여자고등학교에 1969년 3월에 입학하여 1972년 2월 21일에 졸업한 제17회 동문들이 재학 시절 국어 선생님이었던 허만길 문학박사(시인)의 제안에 따라 졸업 50돌 기념으로 2023년 2월 21일 문학 동인지 『늘푸른 마음』을 발간하였는데, 시 '국어 선생님'은 문학 동인지 발간을 소재로 하고 있다. 영등포여자고등학교 제17회 졸업생 수는 6학급 355명이었는데, 2023년 졸업 50년이 된 즈음 동문회에 참여하고 있는 인원은 약 40명이다.

배움의 길

스승님 말씀 옳으니
동으로 가라 하시면
동으로 가고
서로 가라 하시면
서로 가겠다.

언제
옳은 길을 택했다고
칭찬해 주시려나.

내 마음으로
선생님 흡족해하실 길
찾고 싶다.

책만 보는 사람

그는 책을 들고 서 있습니다.
그의 뒤로는
차들이 부지런히 달립니다.

그의 발아래 갓길도로에
명예의 손도장들이
벗인 양 그를 지켜 주지만
그는 아무것도 신경 쓰지 않습니다.

그는 비바람을 견디고
하얀 눈을 즐기며 햇살을 반깁니다.
밤에는 가로등에 기대어 책을 봅니다.

그는 신촌역 3번 출구
문학의 거리에서
언제나 그렇게 책만 보고 있습니다.

비둘기

평화의 상징 비둘기가
땅바닥에 고개 까딱까딱

기역(ㄱ) 자 쓰고

뾰족한 부리로
마침표 야무지게 콕콕 찍는다.

평화의 메시지를
한글로 전하려나 보다.

등나무

학창시절
공부하다 졸려 슬며시
교실 창 너머 멀리 내다보니
운동장 한쪽 등나무
파아란 하늘 머리에 이고
연보랏빛 꿈들을
풍성히 매달고 있었다.

선생님의 가르침 소리는
들릴 듯 말 듯 한데
등나무 아래
아무도 없는 의자에 꽃 하나 뚝
저기 한눈팔고 있는 학생
정신 차려요.
선생님의 하얀 분필
까만 칠판에서 기운차게 부러졌다.

거짓과 참

우리는 생각이 같다고
먼저 말하며 웃어 주더니
반나절도 지나지 않아
낯선 얼굴로
그런 말 한 적 없다 한다.

겉과 속 다름이 이런 것인가.
오랜 세월 모래성 쌓았구나.
정말로 생각이 같은 줄 알았던 시간
바람 불어
모래알로 쓸쓸히 흩어진다.

세상을 알아 가는 것은
모래알 헤아리기만큼 어렵다.
그래도 쉬지 않고 쌓아 가야지.

같이 울고 같이 웃어 주는
거짓 없는 맑은 유리가
모래 속에 들어 있음을 알고 있기에

수필

6월에 아버지를 기리며
나를 깨닫게 하는 봉사활동
큰시누이와 맷돌

6월에 아버지를 기리며

 6.25 전쟁, 그 아픔의 상처가 깊은 우리나라는 그때 모든 것이 파괴되고 모든 이들이 고통을 당했었다. 결코 잊어서는 안 될 6.25 전쟁이다.
 나의 아버지는 내가 어릴 때 6.25 전쟁 중에 겪은 일을 들려주었다.
 아버지가 야전병원 막사로 부상당한 동료 군인을 부축하여 가고 있는데 총성이 울렸고, 아버지는 그대로 쓰러지고 말았다. 정신은 잃지 않아서 일어나려는데 다리가 화끈거리고 피가 홍건하였다. 살펴보니 다리 두 군데서 피가 흐르고 있었다. 한쪽은 구멍이 작고, 반대쪽은 구멍이 컸다. 가까스로 기어서 야전병원 막사로 돌아와 살펴보니, 총알이 다리를 완전히 뚫고 지나갔음을 알았다.
 아버지는 상이군인이 되어 제대를 하고, 오랜 세월 동안 부상당한 다리로 많은 어려움과 고통으로 지내었다. 아버지는 몸은 불편하였지만, 한 가정의 가장으로서 꿋꿋하게 그 자리를 지키었다. 가족이 불편하지 않도록 열심히 노력하였다. 정이 많았던 탓에 이웃의 어려움도 열심히 도왔다.
 아버지는 전쟁 중 부상의 후유증으로 신체적, 정신적으로 많은 것을 잃었지만, 그 모든 것을 극복하며 살았다. 1927년에 태어난 아버지는 1979년 52살의 나이로 이 세상을 떠났다. 내 나이 28살 때였다.
 나의 자랑스러운 아버지는 자식들의 효도를 받지 못하고 돌아가셨다. 친구분들과의 여행에서 사고로 집에도 돌아오지 못하고 영원히 떠나셨다. 자식들의 늦은 귀가를 걱정하곤 하시던 아버지는 아직도 오래도록 여행 중이시다.

　* 출전: 영등포투데이신문 2024년 6월 6일(서울)

나를 깨닫게 하는 봉사활동

 어느 해 9월 말 추석도 지나고 선선한 가을바람이 코스모스 고운 춤을 부추기는 오후였다. 이 좋은 계절에 무엇인가를 시작해 보자는 생각을 하던 중에 신문에서 자원봉사자 모집이라는 광고를 보게 되었다.
 자원봉사자가 필요한 곳은 시각장애인을 위하여 녹음 도서를 만드는 곳이었다. 나는 평소에 자원봉사에 관심이 있었으므로, 며칠 뒤 광고 내용에 따라 자원봉사 교육 장소로 갔다. 그곳은 장애를 가진 사람이면 누구나 이용하는 장애인복지관이었다.
 복지관에 들어서자 힘들게 걸음을 옮기는 사람, 보호자와 같이 안내실로 들어가는 사람, 이상한 소리를 지르며 이리저리 왔다 갔다 하는 어린이가 보였다. 낯선 모습을 뒤로 하고 교육이 있는 강당으로 들어갔다.
 교육은 1차, 2차로 나뉘어한다고 했다. 1차 교육은 장애 인식에 관한 이론적인 것이었고, 2차 교육은 장애 체험을 하는 것이었다. 자원봉사 희망자들은 자원봉사자가 장애 체험은 왜 해야 하는가 하고 어리둥절했다. 그런데 교육 담당자는 장애인을 도우려면 스스로 먼저 장애 체험을 통해 장애인 불편함을 조금이라도 이해할 수 있어야 한다고 했다.
 먼저 시각장애인 체험을 위해 검은색 눈가리개로 눈을 가리고 벽에 붙어 있는 안내 막대를 잡고 걸었다. 노란색 유도 블록을 발 감각으로 걸어가도록 했다. 나는 발이 좀처럼 바닥에서 떨어지지 않았다. 누군가와 부딪칠 것만 같았다.

다음은 수동 휠체어 사용 방법을 익힌 다음 직접 휠체어에 앉아서 이동해 보는 것이었다. 비탈길에서는 휠체어와 같이 아래로 구를 것만 같았다. 목발을 사용하여 걸어도 보았는데 겨드랑이가 아프고 앞으로 나아가려는 마음이 조급해지면서 고꾸라지려 했다.

나는 장애 이론 교육과 장애 체험을 하면서 장애로 인한 불편함 없이 자유롭게 살아온 삶에 고마움을 느꼈다. 또한 신체의 소중함을 깊이 깨달았다. 장애를 가진 사람들의 마음도 불편함도 잠깐의 장애 체험으로 알 것 같았다. 그동안 신체장애에 대해 모르는 것이 너무나 많았다는 생각을 했다.

교육을 끝낸 후 점자 도서실로 이동했다. 점자책과 녹음 도서 즉 음성도서가 도서실 안에 가득했다. 책을 읽으며 동시에 테이프에 녹음을 해야 하는 책들도 있었다. 시각장애인이 흰 지팡이로 가볍게 바닥을 두드리며 지팡이에 몸을 의지하고 더듬더듬 들어와서 빌려 간 책을 반납하고 또 빌려 갔다. 길에 나서기 어려운 사람에게는 우편으로 원하는 책을 보내준다고 했다. 전문 분야를 공부하는 분들은 전문 서적을 직접 가지고 와서 테이프에 녹음을 부탁하기도 했다.

자원봉사 교육을 마치고 집으로 돌아오는 길 양옆으로 은행 열매가 달려있는 은행나무가 노릇노릇 가을을 물들이고 있었다. 은행 열매를 보면서 자원봉사라는 사랑의 열매를 내 주머니에 하나둘 늘려가야지 하는 다짐을 했다. 그 순간 머리카락을 스치는 가을바람이 머릿속까지 개운한 느낌을 들게 했다.

장애인 자원봉사 교육을 받고 곧바로 봉사활동을 하겠다고 등록한 사람은 교육받은 예닐곱 사람 가운데 두

사람뿐이었다.

나는 가을 하늘이 더욱 높아진 날 복지관에 들러 녹음할 때의 주의사항을 듣고 녹음할 책과 테이프를 건네받았다. 복지관에는 녹음실이 없었으므로, 책을 집으로 가져가서 시각장애인을 위해 음성 녹음을 해 오라는 것이었다. 이렇게 나의 녹음 봉사활동이 시작되었다.

집에서 녹음을 하는 중에 전화기 울림, 초인종 소리, 밖에서 들려오는 온갖 잡음이 고스란히 녹음테이프에 들어갔다. 그래서 가끔씩 녹음된 테이프를 되돌려 보고 잡음이 들어갔으면 그 부분을 지우고 다시 녹음을 해야만 했다. 이런 경험을 몇 번이나 하고 나서는 녹음에 들어가기 전에 초인종과 전화의 전원을 껐다. 방문과 창문도 닫고, 집 안 제일 으슥한 곳에서 녹음을 했다. 이러니 가족들이 집 안으로 들어오는 것이 쉽지 않았다. 그리하여 가족이 각자 열쇠를 가지고 다녀야 했다.

다행인 것은 가족들이 이를 충분히 이해해 주었고, 무엇보다 시각장애인들도 웬만한 잡음은 이해를 하고 테이프를 받아들고 고마워 해주었다.

이런 일 뒤로 복지관 탁아 방에서 장애가 있는 아기들을 돌보는 일도 했다. 뿐만 아니라, 여러 모습의 성인 장애인 돕기를 위한 자원봉사 활동도 했다.

나는 장애인 봉사활동을 하면서 장애인과 비장애인은 다른 듯하면서도 같은 사람이라는 생각을 깊이 했다. 아무 어려움 없이 살아오던 사람도 한순간에 장애인이 될 수 있다는 것도 알았다. 장애를 극복한다는 것이 쉬운 일이 아니지만, 부단한 노력은 좋은 결과가 있게 한다는 것도 알았다.

나는 장애인 봉사활동을 해 오면서 나의 장애인 봉사

활동이 장애인들에게 조금이나마 도움이 될 수 있다는 것에 적잖은 보람을 느끼기도 한다. 그 무엇보다도 장애인을 위한 봉사활동을 하면서, 장애인에 대한 이해를 많이 하게 되었다는 점이다.

사람은 모두 함께 살아가고 있다. 서로 도우며 살아야 한다. 특히 장애로 어려움을 겪으며 살아가는 사람들에게 누구나 직접 구체적으로 도움을 주며 살아가야 한다는 생각을 가져주면 좋겠다. 장애인도 비장애인과 마찬가지로 소중한 인생을 살아가고 있다.

나는 장애인을 위한 봉사활동을 하면서 많은 것을 깨달을 수 있었다. 그 깨달음은 나의 정신과 마음을 성장시키고 발전시켜 주었다. 나는 많은 사람들에게 장애인을 위한 봉사활동에 참여하여 힘들게 살아가는 장애인들에게 버팀목이 되어 주고, 스스로 많은 것을 깨달으며 인생을 성장시키고 발전시켜 주기를 바라는 마음이 간절하다.

* 출전: 〈월간 신문예〉 123호 2024년 4,5월호(발행 책나라, 서울)

큰시누이와 맷돌

맷돌은 젖은 곡식이나 마른 곡식을 잘게 부수는 수동 재래식 도구이다. 지금은 전기로 작동하는 분쇄기가 맷돌을 대신하고 전기 자동 맷돌도 있다. 맷돌은 현무암으로 만들어 무겁지만 그 무게감으로 곡식이 잘 부서진다. 두 개의 동그랗고 납작한 모양으로 만들어져 있는데, 아랫돌에 윗돌을 올려놓으면 안정감이 있어 편안해 보인다. 회색빛의 매력적인 모습이다.

지금은 우리 집 해가 잘 드는 발코니 한편 구석에서 뜨는 해 지는 해에 조용히 나이를 먹고 있는 맷돌이지만 그 사연은 길고 소중하다.

먼저 맷돌에 관한 추억으로는 어려서 여름 방학 때 시골 큰집에 가면 큰어머니가 물에 불린 노란 콩을 맷돌에 갈아서 콩국수를 만들어 주면 고소하고 부드럽게 입안으로 넘어가는 느낌이 좋았다. 콩국수는 만들기는 번거로워도 먹기는 편한 음식이구나 하는 생각이 들었다.

큰어머니와 마주 앉아 큰어머니가 들려주는 얘기를 들으며 맷손을 같이 잡고 돌리면서 맷돌 구멍에 한 숟갈씩 콩을 넣으면 아랫돌과 윗돌 사이에서 갈아진 콩물이 흘러내리는 모습은 재미있고 신기했는데 조금씩 넣어야 하는 인내심이 필요했다.

지금 우리 집 발코니에 있는 맷돌은 내가 결혼을 하고 어느 날 시댁에 갔을 때, 시댁 마당에 있던 것이다. 그 맷돌은 큰 행사나 명절에 시어머니가 녹두를 한 말

씩 갈아서 빈대떡을 만들던 것인데, 오래되어 아랫돌과 윗돌을 이어주는 중쇠가 망가져서 못쓴다고 버려진 것을 우리 집에 가져온 것이다. 중쇠만 망가졌지 겉모습은 멀쩡한 맷돌이다. 거칠고 투박해 보여도 정감이 가는 맷돌이다.

큰시누이가 남편 생일에 우리 집에 왔다가 발코니에 있는 맷돌을 보고는 작은올케는 이 맷돌이 좋으냐며 옛이야기를 들려주었다.

시댁 가족은 우리나라가 일제 치하에서 해방되자, 이북에서의 어수선한 생활을 그만두고 남한으로 내려와서 살았다. 아무 친척 없이 시아버지, 시어머니, 큰시누이, 작은시누이, 시아주버니 이렇게 다섯 가족이 한집에서 살았는데, 6.25 전쟁 직전 나의 남편이 태어났다. 남편이 태어난 뒤 3개월째 즈음 시아버지가 사고로 돌아가셨단다. 시아버지는 눈을 감지 못하며 형편이 어려워도 저 어린 아들이 자라면 글만은 꼭 깨우쳐 주라고 했었다고 한다.

서른네 살 시어머니는 아이들 먹여 살려야 해서 일을 나가면 젖먹이 아들은 배고파 울다 기진맥진해 잠이 들곤 했다. 그럴 때 이웃에 아이를 낳지 못하던 부부가 시어머니와 의논을 하고 시어머니 일 나간 사이에 아기 옷과 포대기를 가지고 와서 막냇동생을 양자로 데려가려 했다.

큰시누이는 울며불며 이웃 부부를 발로 차며 내 동생 데려가지 말라고 목놓아 울었단다. 자고 있던 동생 아기도 놀라서 얼굴이 파래지며 우니, 이웃 부부가 큰시누이를 달래 주고 빈손으로 돌아갔단다.

  이 일이 있은 뒤 큰시누이는 보리쌀을 가지고 장에 가서 맷돌과 바꾸어 맷돌에 곡식을 갈아 아기 동생에게 죽을 쑤어 먹여 가며 일하러 나간 엄마 대신 학교도 안 가고 동생을 키웠단다.

  나는 큰시누이와 남편의 아기 시절 이야기를 들으며 발코니의 맷돌을 바라보니 맷돌의 파인 부분마다 스며들었을 큰시누이와 남편의 동기간 정이 눈물겨웠다. 아랫돌과 윗돌이 천천히 돌며 고운 가루가 쌓이듯 한 생명도 이어가고 남매간의 세월도 정겹게 이어졌으리라. 지금은 아랫돌과 윗돌을 이을 수 없어 그 맷돌이 기능을 잃고 있다.

  이 맷돌은 현시대에 밀려 옛 물건이 되었지만, 우리 집에서는 큰시누이와 남편의 슬프고도 아름다운 추억이 담겨 있다. 자랑스런 남편을 있게 해 준 나의 큰시누이가 소중히 여기던 맷돌이다.

  맷돌은 아래 둥근 돌과 위 둥근 돌이 묵묵히 돌아 소박한 꿈을 이루어 간다. 서로 부딪치는 아픔이 있더라도 산다는 것은 맷돌의 맷손처럼 서로의 손을 잡아 주는 것이다.

  큰시누이는 나이 구십이 되어 시름시름 앓았다. 여기저기 꽃소식이 들리는 춘삼월에 슬하에 자식 없이 남편과 더없이 의좋게 지내던 큰시누이는 고맙다는 말을 남기고 남편의 손을 놓았다. 나는 발코니에 있는 맷돌을 더더욱 소중히 여긴다.

  * 출전: 월간 한국국보문학 2024년 9월호(발행 도서출판 국보, 서울)

평론 / Literary Criticism

변희자 시인의 시의 세계
– 인생과 사물에 대한 깊은 애정, 감동적인 서사적 내용,
풍부한 상상력의 이미지 형성

허만길 (문학박사 • 시인)

Poet Byun Hee-ja's World of Poetry, 'Deep affection for life and things, Moving epic contents, Image formation from a rich imagination'

Ph.D./Poet Hur Man-gil

1. 변희자 시인 소개

변희자 시인은 1953년 충청북도 음성군에서 태어났으며, 네 살 때부터 서울에서 살아왔다.

시각장애인을 비롯해 어려운 이웃을 위해 헌신적인 봉사활동을 꾸준히 하여, 서울특별시립 남부장애인종합복지관장 표창(1998년), 서울특별시장 표창(2001년), 서울특별시립 남부장애인종합복지관장 감사패(2022년)를 받았다.

변희자 시인의 고등학교 재학 중 국어과를 가르쳤던 허만길 문학박사(시인)로부터 문학 지도를 받았

으며, 서울에서 발행되는 《월간 신문예》 2024년 신춘문학상 공모 시 부문에 시 '할머니와 도라지', '추석날 며느리', '물 주기'가 당선되어 시인으로 등단하고, 이어서 《월간 신문예》 4·5월호 신인문학상 공모 수필 부문에 수필 '나를 깨닫게 하는 봉사활동'이 당선되어 수필가로 등단하였다.

『한국시대사전』(2025)에 시 '아버지의 무공훈장'을 비롯해 대표 시들이 수록될 예정이다. 시 '보고 싶은 어머니'(작곡 이종록. 소프라노 김은경)와 '봄바람 임 마중'(작곡 이종록. 소프라노 김민지)이 가곡으로 제작되었다.

시 '아버지의 무공훈장'과 '물 주기'가 영어로 번역되어 해외에 소개되고 있다.

변희자 시인은 월간 『한국국보문학』 2024년 5월호와 월간 『신문예』 2024년 9·10월호에 '이달의 시인'으로 조명되어 소개되었다.

2024년 현재 아태문인협회 운영이사, 한국신문예문학회 회원, 한국국보문인협회 회원, 국제계관시인연합 한국시인연대(United Poets Laureate International Korea Center) 회원으로서 문단 활동을 하고 있다.

그리고 이번에 시집 『가을 귀뚜라미』(발행 책나라, 서울. 2024)를 발행하게 되었다.

가족으로 남편과 두 아들과 며느리가 있다.

2. 인생과 사물에 대한 깊은 애정

변희자 시인은 시인이자 수필가이다. 나(허만길: 문학박사. 시인. 문학평론가)는 2024년 발행 변희자 시인의 시집 『가을 귀뚜라미』를 중심으로 변희자 시인의 시의 세계를 살펴보고자 한다.

변희자 시인의 시들에는 인생과 사물에 대한 깊은 애정이 따뜻하고 곱고 아름답게 서리어 있다. 이것은 시인이 시각장애인을 비롯해 어렵게 살아가는 사람들을 위해 헌신적인 봉사활동을 하면서 살아온 심성이나 삶의 자세와도 연관된다.

이러한 정서는 시 「할머니와 도라지」, 「보고 싶은 어머니」, 「아버지의 무공훈장」, 「추석날 며느리」, 「장화」, 「시어머니의 고달픈 삶」, 「큰시누이의 남동생 사랑」, 「남편의 저녁 준비」, 「남편의 효심」, 「아들 형제에게」, 「별꽃이 된 벗」, 「물 주기」, 「한가위 행복 나눔」, 「에스컬레이터」, 「놀이터」 등에 나타나 있다.

    기차역 건널목 옆에
    남보라색 바지에 하얀 윗옷 입은
    할머니는 날마다 하루 종일
    도라지를 손질하며 손님을 기다렸다.

    낡은 천막과 작은 나무의자 하나에
    지친 몸을 의지하고
    겨울에는 찬바람을 견디면서
    여름에는 무더위를 견디면서

무딘 칼날로 도라지 껍질을 벗기면서
손님을 기다렸다.

거칠은 손등
무디게 닳은 손톱은
할머니의 고달픈 삶의 이야기가
쌓인 탓이리라.

손님이 주섬주섬 돈을 내밀면
껍질 벗긴 도라지 듬쑥 주고서는
그래도 양이 적다며
껍질 안 벗긴 도라지를
한 주먹 더 얹어 주었다.

큰길 가에서 늦은 밤이면
등불 하나 켜 놓고
애타듯 손님 기다리던 할머니

어느 날부터 휠체어에 앉아
힘들게 도라지 껍질을 벗기고 있었다.

남모르는 한숨과 고달픔이 섞인
할머니의 인생이 자꾸만 떠오른다.

— 시「할머니와 도라지」전문

시「할머니와 도라지」에서는 기차역 건널목 옆에서 날마다 하루 종일 도라지를 손질하며 손님을 기다리던 어느 할머니를 오래도록 애정 깊게 바라보아 온 것을 서사적으로 표현하고 있다. 작은 나무의자에 앉은 할머니의 무디게 닳은 손톱, 껍질 안 벗긴 도라지를 한 주먹 더 얹어 주는 마음씨, 밤늦도록 등불 하나 켜 놓고 애타듯 손님을 기다리는 모습, 그러다가 어느 날부터 휠체어에 앉아 힘들게 도라지 껍질을 벗기는 한숨과 고달픔 섞인 인생을 오래도록 애정 깊게 바라본 시이다. 묘사와 감성적 해석이 소설처럼 서사적으로 전개되어 간 수법이 놀랍다.

  여러 자식 기르시느라
  앞치마에 땀방울 흘리시며
  동그란 주먹밥에
  고소한 참깨 간간한 소금
  솔솔 뿌리시던 어머니

  불두화 하얀 꽃송이
  바람 불어 나풀나풀
  내 손바닥에 고이 앉으니
  꽃잎처럼 향기롭던
  어머니 손길 생각나서
  두 눈을 감는다. 보고 싶은 어머니

  – 시「보고 싶은 어머니」부분

시「보고 싶은 어머니」에서는 어머니에 대한 그리움의 애정이 애절하게 표현되어 있다. "불두화 하얀 꽃송이/바람 불어 나풀나풀/내 손바닥에 고이 앉으니/꽃잎처럼 향기롭던/어머니 손길 생각나서/두 눈을 감는다."는 대목에서는 불두화의 꽃송이가 시인의 손바닥에 앉는 모습에서 꽃잎처럼 향기롭던 어머니를 연상하면서 어머니가 너무 보고 싶어 두 눈을 차라리 감게 된다고 했으니, 어머니에 대한 깊은 그리움의 애정을 짐작할 수 있다.

시「추석날 며느리」에서는 시어머니와 며느리 사이의 오가는 따스한 사랑이 곱게 나타나 있다. "며느리 칭찬에/ 끓고 있는 토란국만큼이나/ 기쁨이 보글보글 솟는다."고 한 표현이나, "보름달 웃음 닮은/ 며느리의 미소가 더없이 사랑스럽다."는 시인(작중화자)의 마음이 얼마나 따뜻한지를 알 수 있게 한다.

이것은 시「장화」에서도 마찬가지이다. 시인은 며느리가 사 준 장화를 비 오는 날 신고, 아이들처럼 신나게 물웅덩이를 질퍽질퍽 걷는다. "빗길 미끄럼 조심하세요." 하는 며느리의 말을 들으니, "빗소리도 다정하게 들린다."고 했다. 며느리에 대한 애정이 진하게 함축된 표현이다.

너는 하늘에서
나는 땅에서
서로의 그리움을 바람으로 전하며
우리는 서러운 눈물을 삼키는구나.

밤하늘 별꽃이 되어
나를 바라보는 옛 동무여.

– 시 「별꽃이 된 벗」 부분

시 「별꽃이 된 벗」에서는 밤하늘 별꽃을 바라보며 일찍 세상을 떠난 친구를 서러운 눈물을 삼키며 애정으로 그리워하고 있다. 세상 떠난 친구에 대한 그리움의 애정이 몹시도 사무치고 있다.
변희자 시인의 시 속의 애정은 사람에게만 국한되어 있지 않다. 사람 외의 다른 사물에 대해서도 애정이 진정으로 투영되어 있다.

물뿌리개 높이 들고
춤추듯 흠뻑 물을 뿌린다.

겨울 땅에 옴츠렸던 초록이들
허리 펴며 쑤욱 자라라고
봄비 같은 물구슬을 뿌린다.

검불 헤집고 나온 어린 새싹
흙모자 벗고 어리둥절한다.

– 시 「물 주기」 전문

시 「물 주기」에서는 겨울 땅에 옴츠렸던 초록이들이 허리 펴며 쑥 자라라고 봄비 같은 물구슬을 뿌린다고 했다. 그리고는 "검불 헤집고 나온 어린 새싹/ 흙모자 벗고 어리둥절한다."고 마무리했다. 어린 새싹에 대한 애정이 넘치고 있다. 시인은 이 시에서 의

인법과 직유법의 기교를 신선하게 활용하고 있다. 길지 않은 시이지만 마지막 연에서 "검불 헤집고 나온 어린 새싹/ 흙모자 벗고 어리둥절한다."라고 한 것은 절묘한 감각적 표현이 아닐 수 없다. 이 시 전체를 활활 살아 오르게 한다.

> 아파도 눈치가 보이는
> 나는
> 오늘은 대수술 중이다.
>
> 나를
> 뛰어오르고 뛰어내릴 때
> 내가
> 느끼는 등뼈의 고통을 누가 알랴. (줄임)
>
> 동트기 전부터
> 나의
> 고통은 또다시 시작된다.
>
> 남들을 높은 곳으로 쉽게
> 남들을 낮은 곳으로 쉽게
> 편하게 데려다주는
> 나는
> 힘들어도 고통스러워도
> 말 못 하고 그냥 열심히 봉사한다. (줄임)
>
> — 시「에스컬레이터」부분

변희자 시인은 지하철역에 설치된 에스컬레이터를 고치는 모습을 보고 에스컬레이터의 힘든 고통을 주객일체, 물심일여의 심정으로 하소연하고 있다. 사람 아닌 사물에 대해 물체가 곧 나 자신이라는 심정으로 에스컬레이터에 감정이입을 하고 있다. "아파도 눈치가 보이는 나", "나를 뛰어오르고 뛰어내릴 때의 등뼈의 고통", "말 못 하고 그냥 열심히 봉사한다."는 구절에서 사물에 대한 애정이 얼마나 지극한가를 알 수 있다.

　이러한 사물에 대한 주객일체, 물심일여의 애정은 시「놀이터」에서도 나타난다. "내 꾸밈은 꼬마들의/ 웃음으로 수놓아진다.", "꼬마들은 앞으로 구름을 차고/ 뒤로 물러나 파란 하늘로/ 파란 꿈을 두둥실 높이 띄운다.", "어른들도 나를 좋아한다./ 그를 빼닮은 꼬마를/ 내 품에 안겨줄 때/ 나는 그의 옛 모습 생각나/ 그 어른도 안아준다."라고 하고 있다. 시인의 분신 같은 놀이터는 꼬마들의 웃음으로 행복을 느끼고, 꼬마를 그에게 안겨준 그 어른도 안아준다고 했다. 사물에 대한 애정이 동화처럼 아름답게 아로새겨져 있다.

　인생에 대해서든 사물에 대해서든 시인의 따뜻하고 곱고 아름답고 진실한 애정은 시「한가위 행복 나눔」에서 행복으로 승화하고 있다.

　　정성으로 나누는 마음
　　감사하며 받아주는 마음
　　같이 사는 힘이다.

행복한 사랑 나눔
넉넉한 팔월 한가위다.

- 시 「한가위 행복 나눔」 부분

3. 감동적인 서사적 내용

변희자 시인의 시들에는 서정적인 중심 내용에 대비되는 서사적인 중심 내용을 담은 시들이 여러 편 있으며, 이들은 극적인 감동의 효과를 거두고 있다.

서사적 내용(Epic Content)을 담은 시로서는 「할머니와 도라지」, 「시어머니의 고달픈 삶」, 「큰시누이의 남동생 사랑」, , 「아버지의 무공훈장」, 「날아가고 싶었다」 등이 있다.

앞에서 나는 시 「할머니와 도라지」는 길가에서 도라지 껍질을 벗기어 팔며 살아온 할머니의 한숨과 고달픔 섞인 인생을 소재로 삼고 있는데, 묘사와 감성적 해석이 소설처럼 서사적으로 전개되어 간 수법이 놀랍다고 한 바 있다.

변희자 시인의 시 「시어머니의 고달픈 삶」, 「큰시누이의 남동생 사랑」, 「남편의 효심」 3편은 그 서사성(Narrativity)이 서로 연관되고 있어, 본격적인 한 편의 서사시(Epic Poetry)로 창작될 수도 있는 작품들이다. 한편 한편이 극적인 감동을 준다.

이들 시 3편을 하나로 묶어 줄거리(Synopsis)를 만들어 본다면 다음과 같은 내용이 될 수 있다.

"시인(작중 화자)의 시어머니는 직장 가스 폭발 사고로 남편을 일찍 여의었다. 시어머니는 꽃다운 34살에 혼자가 되었다. 시인의 남편이 태어난 지 3개월째였다. 슬하에는 두 아들과 두 딸이 있었다. 6.25 전쟁까지 일어나 시어머니는 서울 미아리고개 근처 돈암초등학교 운동장에서 북한군에게 끌려가면서 퉁퉁 불은 젖을 내보이며 갓난아기가 있다며 애원하여 겨우 죽을 고비를 넘겼다. 시어머니는 한숨과 눈물 속에 온갖 고생을 하면서 4남매를 키웠다.

시어머니는 일터로 나가고 시인의 남편보다 15살 위인 큰시누이가 젖 달라 보채는 막냇동생 곧 시인의 남편을 등에 업어 잠재우며 키웠다.

시어머니는 어려운 생활에 4남매를 제대로 키울 도리가 없어, 넉넉하게 사는 이웃집 부부에게 태어난 지 4개월 된 막내아들을 양자로 보내기로 했다. 시어머니가 일터로 나간 사이에 이웃집 부부가 차가운 겨울날 포근한 포대기와 예쁜 옷을 들고 와서 아기를 데리고 가려 했다. 이에 놀란 큰시누이는 안 된다고 우리 아가 내 동생이라고 남동생을 작은 품에 끌어안고 목 놓아 울고불고 발버둥쳐 막냇동생을 지키었다.

평생 혼자 살아온 시인의 큰시누이는 2024년 90살 되는 꽃피는 봄에 세상을 떠나면서, 정성스레 키운 막냇동생의 손을 잡고 알뜰히 모았던 돈을 쥐어 주며 소고기와 딸기 사 먹으며 부디 건강하라고 한다."

시 3편에 담긴 내용을 종합하면 이 얼마나 서럽고 안타깝고 애틋하고 아름다운 사연의 서사시가 되지 않겠는가. 아울러 이러한 시를 쓸 수 있는 변희자 시인의 시 재능에 놀라지 않을 수 없다.

이들 3편의 시 가운데 가장 큰 애절함이 담기어 있으면서 큰 감동을 주는 시 「큰시누이의 남동생 사랑」 전문을 옮겨 본다.

    사남매 중 맏이인 큰시누이
    나의 남편이 된 막내 남동생과는
    열다섯 살 터울이었다.

    아버지는 사고로 일찍 돌아가시고
    엄마는 일터로 내몰리고
    큰시누이는 태어난 지 삼 개월 된 막냇동생이
    젖 달라 보채면 등에 업어 잠재웠다.

    이웃집 자식 없는 넉넉한 부부는
    어른끼리 미리 약속하여
    막냇동생을 데려가 자기 아들로 삼기로 했다.

    차가운 겨울날

이웃집 부부는
포근한 포대기와 예쁜 옷 들고 와서
아가 동생을 데리고 가려 했다.

놀란 큰시누이는 안 된다고
우리 아가 내 동생이라고
남동생을 작은 품에 끌어안고
목 놓아 울고불고 발버둥쳤다.

남동생을 가까스로 지킨 큰시누이는
일 나간 엄마 대신
놀란 아가 동생에게 죽을 쑤어 먹이며 달래었다.
동생은 부드러운 죽을
누나와 옹알옹알 눈 맞추며 잘도 삼켰다.

슬하에 자식 없이 힘들게 살아온
한 많은 큰시누이는
어느덧 아흔 살이 되었다.

2024년 꽃피는 춘삼월 저세상으로 떠나면서
정성스레 키운 막냇동생의 듬직한 손 잡고
알뜰히 모았던 돈 쥐어 주며
소고기와 딸기 사 먹으며
부디 건강하여라 하였다.

시인은 꽃다운 나이에 남편을 여의고 한숨과 눈물 속에 4남매를 키운 어머니에게 효심을 보이는 남편에 관한 시도 감동적으로 표현하고 있다.

겨울 저녁 퇴근한 남편
　　어머니 방으로 들어간다.
　　남편이 불룩한 겉옷 주머니에서
　　어머니가 좋아하시는
　　따끈한 만두를 꺼내 드리니
　　어머니는 아들 손을 잡고
　　환하게 웃으신다. (줄임)

　　남편이 어머니 이부자리 아래 방바닥에
　　손을 대어 본다.

　　어머니는 따뜻하게
　　포근한 잠 속에서 아들에게
　　젖을 물리는 꿈을 꾸신다.

　　　　　　　　　　　- 시「남편의 효심」부분

　시인이 한평생 고달프게 살면서 자식에 대한 보람을 거둔 시어머니의 마지막 모습을 그려 낸 대목도 대단한 은유(Metaphor)의 표현이다.

　　세월 덧없어라 황혼길
　　마음은 어느새
　　구만리 남편 곁에 두시고
　　흐린 날 구름인가
　　꺼져 가는 촛불인가

저녁놀 붉게 타는 때
고달픈 이승 삶을 거두셨다.

— 시 「시어머니의 고달픈 삶」 부분

4. 시 「아버지의 무공훈장」의 문학적 가치

변희자 시인의 시 「아버지의 무공훈장」은 특별히 주목할 만한 가치를 지닌 작품이다. 이 시는 처음 『한국국보문학』 2024년 5월호(도서출판 국보, 서울)에 발표되어 주목을 끌었으며, 뒤에 『영등포투데이신문』 2024년 6월 6일(서울) '보훈의 달 특집'으로 변희자 시인의 수필 '6월에 아버지를 기리며'와 함께 발표되어 많은 사람들에게 감동을 주었다. 그리고 김인영 문학박사(국제PEN한국본부 번역위원회 위원)에 의해 영어로 번역되어, 국제계관시인연합 한국본부(United Poets Laureate International Korea Center) 편찬 『Poetry Korea』 17호(2024)에 수록되어 해외에도 알려지게 되었다.

육이오 전쟁 때
총알이 뚫고 나간 아버지의 정강이
궂은 날이면 쿡쿡
다시 박히는 탄알
마음과 몸의 통증
파랗게 떨고 있는 다리와 발

비 오는 날이면
어린 딸 발 젖을라
학교와 집으로
업어 주시던 아버지
아버지의 발은
울음으로 젖고
철없는 딸은 따뜻한 등에서
좋아라 웃고 있었지.

딸을 보면 언제나 기쁘셔서
웃음꽃 피우시며
너는 웃으며 살아라
그래서 내 이름 한가운데에
기쁠 희囍 자를 넣어 주셨지.

내가 학교에서 늦는 날이면
아버지는 이제나저제나 마을 어귀에서
꼿꼿한 나무처럼 서 계셨지.

아버지는 여행 중에 사고를 당하셨다.
영원히 잊을 수 없는
아버지의 슬픈 여행

돌아가신 후 받으신
금성화랑 무공훈장
생전에 반짝반짝 닦으시던
아버지의 구두처럼 빛이 난다.

– 시「아버지의 무공훈장」전문

  이 시의 문학적 가치는 몇 가지 관점에서 높이 평가받을 수 있다.
  첫째, 이 시는 6.25 전쟁을 시대적 배경으로 하고, 전쟁 중 입은 부상의 후유증을 평생토록 짊어지고 살면서 딸을 몹시도 사랑한 내용을 담은 감동적인 전쟁 문학이라는 점이다. 이 시는 6.25 전쟁이 낳은 숭고한 전쟁 문학의 꽃이라 할 수 있다.
  둘째, 이 시는 구성이나 전개에 있어, 예술적 완성도가 높은 작품이라는 점이다.
  셋째, 이 시는 시적 언어 감각과 표현 기교가 우수하다는 점이다.
  "궂은 날이면 쿡쿡/ 다시 박히는 탄알/ 마음과 몸의 통증/ 파랗게 떨고 있는 다리와 발"의 대목은 6.25 전쟁이 끝나도 끝나지 않은 것 같은 후유증을 절실하게 표현하고 있다. "학교와 집으로/ 업어 주시던 아버지/ 아버지의 발은/ 울음으로 젖고/ 철없는 딸은 따뜻한 등에서/ 좋아라 웃고 있었지."의 대목은 아파도 아픈 줄 모르는 아버지의 지극한 딸 사랑과 철없는 어린 딸의 좋아라 하는 순진한 마음이 대비적으로 절묘하게 표현되어 있다. "너는 웃으며 살아라/ 그래서 내 이름 한가운데에/ 기쁠 희喜 자를 넣어 주셨지."라든가, "내가 학교에서 늦는 날이면/ 아버지는 이제나저제나 마을 어귀에서/ 꼿꼿한 나무처럼 서 계셨지."라는 대목은 아버지의 딸 사랑을 매우 자상하고 강렬한 이미지로 표현하고 있다.
　시 「아버지의 무공훈장」은 뛰어난 기교와 강렬한 이미지와 치밀한 짜임새와 깊은 여운의 감동을 생성하는 예술적 완성도가 매우 높은 좋은 작품으로 평가한다.

5. 풍부한 상상력의 이미지 형성

　변희자 시인의 시들에는 상상력이 풍부하게 작용하고 있으며, 그 풍부한 상상력이 신선한 이미지를 형성하고 있다. 상상력과 신선한 이미지 형성이 매우 경이롭다.
　다음에 몇 가지 예를 들어 본다.

　　평화의 상징 비둘기가
　　땅바닥에 고개 까딱까딱
　　기역(ㄱ) 자 쓰고
　　뾰족한 부리로
　　마침표 야무지게 콕콕 찍는다.

　　평화의 메시지를
　　한글로 전하려나 보다.

　　　　　　　　　　　　　　　- 시 「비둘기」 전문

　비둘기가 고개를 까딱까딱하는 것을 보고 한글 '기

역(ㄱ)' 자를 상상하고, 뾰족한 부리로 땅바닥을 콕콕 찍는 모습을 보고 문장부호 마침표를 상상한다. 나아가 비둘기가 상징하는 추상명사 '평화'를 연상하여 한글로 평화의 메시지를 전하려는 이미지를 형성한다. 상상력이 풍부하고 이미지가 신선함을 알 수 있다.

겨울 땅에 옴츠렸던 초록이들
허리 펴며 쑤욱 자라라고
봄비 같은 물구슬을 뿌린다.

검불 헤집고 나온 어린 새싹
흙모자 벗고 어리둥절한다.

– 시「물 주기」부분

초록이(새싹)들이 어서 자라라고 물뿌리개로 물을 뿌리면서 "허리 펴며 쑤욱 자라라"고 한 의인법도 신선하고, "봄비 같은 물구슬"이라고 한 직유법도 신선하다. "검불 헤집고 나온 어린 새싹/ 흙모자 벗고 어리둥절한다."고 표현한 이미지 형성은 경이로운 상상력의 작용 결과이다.

차디찬 저녁 기운에
가을 귀뚜라미 한 마리
따스한 기운 남은 부엌을 찾는다.

쓸쓸한 이별가로 어둠을 가르니
뜰 앞 외로운 들국화
밤늦도록 몸을 뒤척인다.

아침 햇살 찾아
바깥 나들이하는 귀뚜라미
밤잠 설친 탓에
더듬이가 길어졌다.

다시 해 저물면
열한 개의 가시 달린 노래로
기나긴 십일월 가을밤을
밤새도록 찌르겠지.

— 시「가을 귀뚜라미」전문

 가을 귀뚜라미가 부엌에서 "쓸쓸한 이별가로 어둠을 가르니/ 뜰 앞 외로운 들국화/ 밤늦도록 몸을 뒤척인다."에서는 공감각적 이미지(Synesthetic Image) 형성이 잘 되어 있다. 귀뚜라미의 울음을 이별가와 연계하고서, 외로운 들국화가 몸을 뒤척인다는 인과 관계에까지 이미지 형성을 확장하는 상상력이 훌륭하다. "밤잠 설친 탓에/ 더듬이가 길어졌다."든가 "다시 해 저물면/ 열한 개의 가시 달린 노래로/ 기나긴 십일월 가을밤을/ 밤새도록 찌르겠지."든가 하는 표현은 풍부한 상상력의 극치를 이루고 있으며, 강렬한 감각적 이미지를 창출하고 있다.

"열한 개의 가시"와 "기나긴 십일월 가을밤"의 연계, "가시 달린 노래"와 "밤새도록 찌르겠지."의 연계도 시인의 치밀한 상상력에서 우러나왔음을 유의할 일이다.

6. 맺는말

변희자 시인은 시인이자 수필가이다. 변희자 시인의 시집 『가을 귀뚜라미』에 나타난 변희자 시인의 시의 세계는 서정적 휴머니즘에 바탕을 두고서, 인생과 사물에 대한 깊은 애정이 따뜻하고 곱고 아름답게 서리어 있고, 서사적인 내용이 극적인 감동의 효과를 거두고 있고, 풍부한 상상력에 의한 신선한 이미지를 형성하고 있다.

시 한편 한편이 예술적 완결미를 이루고 있으며, 많은 시들이 표현 기교에 있어 경이로운 효과를 거두고 있다.

시 「아버지의 무공훈장」, 「보고 싶은 어머니」, 「시어머니의 고달픈 삶」, 「큰시누이의 남동생 사랑」, 「할머니와 도라지」, 「별꽃이 된 벗」, 「봄바람 임 마중」, 「물 주기」, 「벚나무 열정」, 「에스컬레이터」, 「놀이터」, 「책만 보는 사람」, 「비둘기」 등은 아주 좋은 시로 평가한다.

특히 시 「아버지의 무공훈장」은 6.25 전쟁을 시대적 배경으로 하고, 전쟁 중 입은 부상의 후유증을 평생토록 짙어지고 살면서 딸을 몹시도 사랑한 내용을 담고 있는데, 6.25 전쟁이 낳은 숭고한 전쟁 문학의 꽃으로서 문학적 가치가 높다. 이 시는 영어로 번역되어 『Poetry Korea』17호(2024)에 실리었으므로 해외에도 널리 소개될 것이며, 값진 작품으로 길이 남을 것이다.

변희자 시 가운데 시 「보고 싶은 어머니」와 「봄바람 임 마중」은 가곡으로 제작되어 음반과 인터넷 유튜브(YouTube)에 실리어 많은 사랑을 받고 있음도 유의할 일이다.

변희자 시인의 문학적 재능을 좋게 평가하면서 더 큰 기대를 하는 바이다.

■ **허만길**

서울대학교 국어교육학 석사. 홍익대학교 문학박사(국어국문학). 시인. 소설가. 1971년 복합문학(Complex Literature) 창시(두산백과사전 등재). 수필가. 문학평론가. 교육자. 국가시행 최연소 중학교 국어과교원자격증 취득(18살) 및 최연소 고등학교 국어과교원자격증 취득(19살)('기네스북' 한국편 등재). 정신대(일본군위안부) 문제 최초 단편소설 '원주민촌의 축제'(1990년) 발표('두산백과사전' 등재). 1990년 대한민국 상하이임시정부 자리를 찾아 현장 즉흥시 '대한민국 상하이임시정부 자리'를 읊고 임시정부자리 보존운동 성과(충남 보령시 주산면 시인의 성지에 시비 건립). 2024년 8월 13일 '국제 사람몸 존중 선언' 발표. 문교부 국어과 편수관. 교육부 국제교육진흥원 강사. 한국교육과정평가원 해외동포용 '한국어' 교재개발연구위원. 한국교육개발원 국어과 교과서 편찬연구위원. 학술원 국어연구소 표준어 사정위원. 서울특별시교육연구원 진로교육연구부 연구사. 서울대학교 '국어교육학사전' 집필위원. 서울 당곡고등학교 교장. 국제PEN한국본부 이사. 한국현대시인협회 이사. 한국소설가협회 중앙위원. 한글학회 회원. ▲저서: '한국 현대국어정책 연구', '우리말 사랑의 길을 열면서', '정신대 문제 제기 및 대한민국임시정부자리 보존운동 회고', (최초 장편복합문학)'생명의 먼동을 더듬어', (장편소설)'천사 요레나와의 사랑', (시집)'역사 속에 인생 속에', (수필집)'진리를 찾아 이상을 찾아', (교육회고)'저 푸른 별들에 제자들의 아픔과 소망이', (고등학교 교과서)'진로 상담'(공저) 등.

변희자 시집

가을 귀뚜라미

초판 인쇄   2024년 12월 17일
초판 발행   2024년 12월 20일

지 은 이   변희자
펴 낸 곳   도서출판 책나라
등   록   110-91-10104호(2004.1.14)
주   소   ㉾ 03377 서울시 은평구 녹번로 3가길 14,
             라임하우스 1층 101호
전   화   (02)389-0146~7
팩   스   (02)289-0147
홈페이지   http://cafe.daum.net/sinmunye
이메일   E-mail / sinmunye@hanmail.net

값 15,000원

ⓒ 변희자, 2024
ISBN 979-11-92271-42-2

* 저자와의 협의에 의하여 인지를 생략합니다.
* 파본은 구매 서점에서 교환하여 드립니다.